2021
2022

AGENDA

Coordonnées personnelles

Nom :

téléphone :

Adresse :

Email :

Fax :

Compte bancaire N° :

Carte d'identité N° :

Passeport N°:

Groupe sanguin :

Divers :

Liste de contacts:

NOM	ADRESSE	TEL	MAIL

liste de contacts:

NOM	ADRESSE	TEL	MAIL

liste de contacts:

NOM	ADRESSE	TEL	MAIL

Mai 2021						
L	M	M	J	V	S	D
					1	2
3	4	5	6	7	8	9
10	11	12	13	14	15	16
17	18	19	20	21	22	23
24	25	26	27	28	29	30
31						

Lun **31**

…………… Juin 2021 ………………

Mar **1**

Mer **2**

Juin 2021

Juin 2021						
L	M	M	J	V	S	D
	1	2	3	4	5	6
7	8	9	10	11	12	13
14	15	16	17	18	19	20
21	22	23	24	25	26	27
28	29	30				

Jeu **3**

Ven **4**

Sam **5**

Dim **6**

Lun **7**

Mar **8**

Mer **9**

Juin 2021						
L	M	M	J	V	S	D
	1	2	3	4	5	6
7	8	9	10	11	12	13
14	15	16	17	18	19	20
21	22	23	24	25	26	27
28	29	30				

Jeu **10**

Ven **11**

Sam **12**

Dim **13**

Lun **14**

Mar **15**

Mer **16**

Juin 2021						
L	M	M	J	V	S	D
	1	2	3	4	5	6
7	8	9	10	11	12	13
14	15	16	17	18	19	20
21	22	23	24	25	26	27
28	29	30				

Jeu **17**

Ven **18**

Sam **19**

Dim **20**

Lun **21**

Mar **22**

Mer **23**

Juin 2021						
L	M	M	J	V	S	D
	1	2	3	4	5	6
7	8	9	10	11	12	13
14	15	16	17	18	19	20
21	22	23	24	25	26	27
28	29	30				

Jeu **24**

Ven **25**

Sam **26**

Dim **27**

Juin 2021						
L	M	M	J	V	S	D
	1	2	3	4	5	6
7	8	9	10	11	12	13
14	15	16	17	18	19	20
21	22	23	24	25	26	27
28	29	30				

Lun **28**

Mar **29**

Mer **30**

Juillet 2021

Juillet 2021						
L	M	M	J	V	S	D
			1	2	3	4
5	6	7	8	9	10	11
12	13	14	15	16	17	18
19	20	21	22	23	24	25
26	27	28	29	30	31	

Jeu **1**

Ven **2**

Sam **3**

Dim **4**

Lun **5**

Mar **6**

Mer **7**

Juillet 2021						
L	M	M	J	V	S	D
			1	2	3	4
5	6	7	8	9	10	11
12	13	14	15	16	17	18
19	20	21	22	23	24	25
26	27	28	29	30	31	

Jeu **8**

Ven **9**

Sam **10**

Dim **11**

Lun **12**

Mar **13**

Mer **14**

Juillet 2021						
L	M	M	J	V	S	D
			1	2	3	4
5	6	7	8	9	10	11
12	13	14	15	16	17	18
19	20	21	22	23	24	25
26	27	28	29	30	31	

Jeu **15**

Ven **16**

Sam **17**

Dim **18**

Lun **19**

Mar **20**

Mer **21**

Juillet 2021						
L	M	M	J	V	S	D
			1	2	3	4
5	6	7	8	9	10	11
12	13	14	15	16	17	18
19	20	21	22	23	24	25
26	27	28	29	30	31	

Jeu **22**

Ven **23**

Sam **24**

Dim **25**

Lun **26**

Mar **27**

Mer **28**

Juillet 2021

Juillet 2021						
L	M	M	J	V	S	D
			1	2	3	4
5	6	7	8	9	10	11
12	13	14	15	16	17	18
19	20	21	22	23	24	25
26	27	28	29	30	31	

Jeu **29**

Ven **30**

Sam **31**

.... Août 2021 ......

Dim **1**

Lun **2**

Mar **3**

Mer **4**

Août 2021

Août 2021						
L	M	M	J	V	S	D
						1
2	3	4	5	6	7	8
9	10	11	12	13	14	15
16	17	18	19	20	21	22
23	24	25	26	27	28	29
30	31					

Jeu **5**

Ven **6**

Sam **7**

Dim **8**

Lun **9**

Mar **10**

Mer **11**

Août 2021

Août 2021						
L	M	M	J	V	S	D
						1
2	3	4	5	6	7	8
9	10	11	12	13	14	15
16	17	18	19	20	21	22
23	24	25	26	27	28	29
30	31					

Jeu **12**

Ven **13**

Sam **14**

Dim **15**

Lun **16**

Mar **17**

Mer **18**

Août 2021

Août 2021						
L	M	M	J	V	S	D
						1
2	3	4	5	6	7	8
9	10	11	12	13	14	15
16	17	18	19	20	21	22
23	24	25	26	27	28	29
30	31					

Jeu **19**

Ven **20**

Sam **21**

Dim **22**

Lun **23**

Mar **24**

Mer **25**

L	M	M	J	V	S	D
						1
2	3	4	5	6	7	8
9	10	11	12	13	14	15
16	17	18	19	20	21	22
23	24	25	26	27	28	29
30	31					

Jeu **26**

Ven **27**

Sam **28**

Dim **29**

Août 2021

Août 2021						
L	M	M	J	V	S	D
						1
2	3	4	5	6	7	8
9	10	11	12	13	14	15
16	17	18	19	20	21	22
23	24	25	26	27	28	29
30	31					

Lun **30**

Mar **31**

…………… Septembre 2021 ……………

Mer **1**

Septembre 2021

Septembre 2021						
L	M	M	J	V	S	D
		1	2	3	4	5
6	7	8	9	10	11	12
13	14	15	16	17	18	19
20	21	22	23	24	25	26
27	28	29	30			

Jeu **2**

Ven **3**

Sam **4**

Dim **5**

Lun **6**

Mar **7**

Mer **8**

Septembre 2021

Septembre 2021						
L	M	M	J	V	S	D
		1	2	3	4	5
6	7	8	9	10	11	12
13	14	15	16	17	18	19
20	21	22	23	24	25	26
27	28	29	30			

Jeu **9**

Ven **10**

Sam **11**

Dim **12**

Lun **13**

Mar **14**

Mer **15**

Septembre 2021						
L	M	M	J	V	S	D
		1	2	3	4	5
6	7	8	9	10	11	12
13	14	15	16	17	18	19
20	21	22	23	24	25	26
27	28	29	30			

Jeu **16**

Ven **17**

Sam **18**

Dim **19**

Lun **20**

Mar **21**

Mer **22**

Septembre 2021						
L	M	M	J	V	S	D
		1	2	3	4	5
6	7	8	9	10	11	12
13	14	15	16	17	18	19
20	21	22	23	24	25	26
27	28	29	30			

Jeu **23**

Ven **24**

Sam **25**

Dim **26**

Lun **27**

Mar **28**

Mer **29**

Septembre 2021

Septembre 2021						
L	M	M	J	V	S	D
		1	2	3	4	5
6	7	8	9	10	11	12
13	14	15	16	17	18	19
20	21	22	23	24	25	26
27	28	29	30			

Jeu **30**

………………… Octobre 2021 …………………

Ven **1**

Sam **2**

Dim **3**

Octobre 2021

Lun **4**

Mar **5**

Mer **6**

Octobre 2021						
L	M	M	J	V	S	D
				1	2	3
4	5	6	7	8	9	10
11	12	13	14	15	16	17
18	19	20	21	22	23	24
25	26	27	28	29	30	31

Jeu **7**

Ven **8**

Sam **9**

Dim **10**

Lun **11**

Mar **12**

Mer **13**

Octobre 2021

Octobre 2021						
L	M	M	J	V	S	D
				1	2	3
4	5	6	7	8	9	10
11	12	13	14	15	16	17
18	19	20	21	22	23	24
25	26	27	28	29	30	31

Jeu **14**

Ven **15**

Sam **16**

Dim **17**

Lun **18**

Mar **19**

Mer **20**

Octobre 2021

Octobre 2021						
L	M	M	J	V	S	D
				1	2	3
4	5	6	7	8	9	10
11	12	13	14	15	16	17
18	19	20	21	22	23	24
25	26	27	28	29	30	31

Jeu **21**

Ven **22**

Sam **23**

Dim **24**

Lun **25**

Mar **26**

Mer **27**

Octobre 2021

Octobre 2021						
L	M	M	J	V	S	D
				1	2	3
4	5	6	7	8	9	10
11	12	13	14	15	16	17
18	19	20	21	22	23	24
25	26	27	28	29	30	31

Jeu **28**

Ven **29**

Sam **30**

Dim **31**

Lun **1**

Mar **2**

Mer **3**

Novembre 2021

Novembre 2021						
L	M	M	J	V	S	D
1	2	3	4	5	6	7
8	9	10	11	12	13	14
15	16	17	18	19	20	21
22	23	24	25	26	27	28
29	30					

Jeu **4**

Ven **5**

Sam **6**

Dim **7**

Lun **8**

Mar **9**

Mer **10**

Novembre 2021

Novembre 2021						
L	M	M	J	V	S	D
1	2	3	4	5	6	7
8	9	10	11	12	13	14
15	16	17	18	19	20	21
22	23	24	25	26	27	28
29	30					

Jeu **11**

Ven **12**

Sam **13**

Dim **14**

Lun **15**

Mar **16**

Mer **17**

Novembre 2021

Novembre 2021						
L	M	M	J	V	S	D
1	2	3	4	5	6	7
8	9	10	11	12	13	14
15	16	17	18	19	20	21
22	23	24	25	26	27	28
29	30					

Jeu **18**

Ven **19**

Sam **20**

Dim **21**

Lun **22**

Mar **23**

Mer **24**

Novembre 2021						
L	M	M	J	V	S	D
1	2	3	4	5	6	7
8	9	10	11	12	13	14
15	16	17	18	19	20	21
22	23	24	25	26	27	28
29	30					

Jeu **25**

Ven **26**

Sam **27**

Dim **28**

Novembre 2021

Novembre 2021						
L	M	M	J	V	S	D
1	2	3	4	5	6	7
8	9	10	11	12	13	14
15	16	17	18	19	20	21
22	23	24	25	26	27	28
29	30					

Lun **29**

Mar **30**

.... Décembre 2021 ....

Mer **1**

Décembre 2021

Décembre 2021						
L	M	M	J	V	S	D
		1	2	3	4	5
6	7	8	9	10	11	12
13	14	15	16	17	18	19
20	21	22	23	24	25	26
27	28	29	30	31		

Jeu **2**

Ven **3**

Sam **4**

Dim **5**

Lun **6**

Mar **7**

Mer **8**

Décembre 2021

L	M	M	J	V	S	D
		1	2	3	4	5
6	7	8	9	10	11	12
13	14	15	16	17	18	19
20	21	22	23	24	25	26
27	28	29	30	31		

Jeu **9**

Ven **10**

Sam **11**

Dim **12**

Lun **13**

Mar **14**

Mer **15**

Décembre 2021						
L	M	M	J	V	S	D
		1	2	3	4	5
6	7	8	9	10	11	12
13	14	15	16	17	18	19
20	21	22	23	24	25	26
27	28	29	30	31		

Jeu **16**

Ven **17**

Sam **18**

Dim **19**

Lun **20**

Mar **21**

Mer **22**

Décembre 2021

Décembre 2021						
L	M	M	J	V	S	D
		1	2	3	4	5
6	7	8	9	10	11	12
13	14	15	16	17	18	19
20	21	22	23	24	25	26
27	28	29	30	31		

Jeu **23**

Ven **24**

Sam **25**

Dim **26**

Lun **27**

Mar **28**

Mer **29**

Décembre 2021						
L	M	M	J	V	S	D
		1	2	3	4	5
6	7	8	9	10	11	12
13	14	15	16	17	18	19
20	21	22	23	24	25	26
27	28	29	30	31		

Jeu **30**

Ven **31**

2022

AGENDA

Janvier 2022

Janvier 2022						
L	M	M	J	V	S	D
					1	2
3	4	5	6	7	8	9
10	11	12	13	14	15	16
17	18	19	20	21	22	23
24	25	26	27	28	29	30
31						

Sam **1**

Dim **2**

Lun **3**

Mar **4**

Mer **5**

Janvier 2022						
L	M	M	J	V	S	D
					1	2
3	4	5	6	7	8	9
10	11	12	13	14	15	16
17	18	19	20	21	22	23
24	25	26	27	28	29	30
31						

Jeu **6**

Ven **7**

Sam **8**

Dim **9**

Lun **10**

Mar **11**

Mer **12**

Janvier 2022

Janvier 2022						
L	M	M	J	V	S	D
					1	2
3	4	5	6	7	8	9
10	11	12	13	14	15	16
17	18	19	20	21	22	23
24	25	26	27	28	29	30
31						

Jeu **13**

Ven **14**

Sam **15**

Dim **16**

Lun **17**

Mar **18**

Mer **19**

Janvier 2022						
L	M	M	J	V	S	D
					1	2
3	4	5	6	7	8	9
10	11	12	13	14	15	16
17	18	19	20	21	22	23
24	25	26	27	28	29	30
31						

Jeu **20**

Ven **21**

Sam **22**

Dim **23**

Lun **24**

Mar **25**

Mer **26**

Janvier 2022						
L	M	M	J	V	S	D
					1	2
3	4	5	6	7	8	9
10	11	12	13	14	15	16
17	18	19	20	21	22	23
24	25	26	27	28	29	30
31						

Jeu **27**

Ven **28**

Sam **29**

Dim **30**

Janvier 2022

Lun **31**

………… Février 2022 …………

Mar **1**

Mer **2**

Février 2022

Février 2022						
L	M	M	J	V	S	D
	1	2	3	4	5	6
7	8	9	10	11	12	13
14	15	16	17	18	19	20
21	22	23	24	25	26	27
28						

Jeu **3**

Ven **4**

Sam **5**

Dim **6**

Lun **7**

Mar **8**

Mer **9**

Février 2022

Février 2022						
L	M	M	J	V	S	D
	1	2	3	4	5	6
7	8	9	10	11	12	13
14	15	16	17	18	19	20
21	22	23	24	25	26	27
28						

Jeu **10**

Ven **11**

Sam **12**

Dim **13**

Lun **14**

Mar **15**

Mer **16**

Février 2022						
L	M	M	J	V	S	D
	1	2	3	4	5	6
7	8	9	10	11	12	13
14	15	16	17	18	19	20
21	22	23	24	25	26	27
28						

Jeu **17**

Ven **18**

Sam **19**

Dim **20**

Lun **21**

Mar **22**

Mer **23**

Février 2022

Février 2022						
L	M	M	J	V	S	D
	1	2	3	4	5	6
7	8	9	10	11	12	13
14	15	16	17	18	19	20
21	22	23	24	25	26	27
28						

Jeu **24**

Ven **25**

Sam **26**

Dim **27**

Février 2022

Lun **28**

.... Mars 2022 ....

Mar **1**

Mer **2**

Mars 2022

Mars 2022						
L	M	M	J	V	S	D
	1	2	3	4	5	6
7	8	9	10	11	12	13
14	15	16	17	18	19	20
21	22	23	24	25	26	27
28	29	30	31			

Jeu **3**

Ven **4**

Sam **5**

Dim **6**

Lun 7

Mar 8

Mer 9

Mars 2022						
L	M	M	J	V	S	D
	1	2	3	4	5	6
7	8	9	10	11	12	13
14	15	16	17	18	19	20
21	22	23	24	25	26	27
28	29	30	31			

Jeu **10**

Ven **11**

Sam **12**

Dim **13**

Lun **14**

Mar **15**

Mer **16**

Mars 2022

Mars 2022						
L	M	M	J	V	S	D
	1	2	3	4	5	6
7	8	9	10	11	12	13
14	15	16	17	18	19	20
21	22	23	24	25	26	27
28	29	30	31			

Jeu **17**

Ven **18**

Sam **19**

Dim **20**

Lun **21**

Mar **22**

Mer **23**

Mars 2022

Mars 2022						
L	M	M	J	V	S	D
	1	2	3	4	5	6
7	8	9	10	11	12	13
14	15	16	17	18	19	20
21	22	23	24	25	26	27
28	29	30	31			

Jeu **24**

Ven **25**

Sam **26**

Dim **27**

Lun **28**

Mar **29**

Mer **30**

Mars 2022

Mars 2022						
L	M	M	J	V	S	D
	1	2	3	4	5	6
7	8	9	10	11	12	13
14	15	16	17	18	19	20
21	22	23	24	25	26	27
28	29	30	31			

Jeu **31**

………Avril 2022……..

Ven **1**

Sam **2**

Dim **3**

Lun **4**

Mar **5**

Mer **6**

Avril 2022

Avril 2022						
L	M	M	J	V	S	D
				1	2	3
4	5	6	7	8	9	10
11	12	13	14	15	16	17
18	19	20	21	22	23	24
25	26	27	28	29	30	

Jeu **7**

Ven **8**

Sam **9**

Dim **10**

Lun **11**

Mar **12**

Mer **13**

Avril 2022						
L	M	M	J	V	S	D
				1	2	3
4	5	6	7	8	9	10
11	12	13	14	15	16	17
18	19	20	21	22	23	24
25	26	27	28	29	30	

Jeu **14**

Ven **15**

Sam **16**

Dim **17**

Lun **18**

Mar **19**

Mer **20**

Avril 2022

Avril 2022						
L	M	M	J	V	S	D
				1	2	3
4	5	6	7	8	9	10
11	12	13	14	15	16	17
18	19	20	21	22	23	24
25	26	27	28	29	30	

Jeu **21**

Ven **22**

Sam **23**

Dim **24**

Lun **25**

Mar **26**

Mer **27**

Avril 2022

Avril 2022						
L	M	M	J	V	S	D
				1	2	3
4	5	6	7	8	9	10
11	12	13	14	15	16	17
18	19	20	21	22	23	24
25	26	27	28	29	30	

Jeu **28**

Ven **29**

Sam **30**

.... Mai 2022 .....

Dim **1**

Lun **2**

Mar **3**

Mer **4**

Mai 2022						
L	M	M	J	V	S	D
						1
2	3	4	5	6	7	8
9	10	11	12	13	14	15
16	17	18	19	20	21	22
23	24	25	26	27	28	29
30	31					

Jeu **5**

Ven **6**

Sam **7**

Dim **8**

Lun **9**

Mar **10**

Mer **11**

Mai 2022

Mai 2022						
L	M	M	J	V	S	D
						1
2	3	4	5	6	7	8
9	10	11	12	13	14	15
16	17	18	19	20	21	22
23	24	25	26	27	28	29
30	31					

Jeu **12**

Ven **13**

Sam **14**

Dim **15**

Lun **16**

Mar **17**

Mer **18**

L	M	M	J	V	S	D
						1
2	3	4	5	6	7	8
9	10	11	12	13	14	15
16	17	18	19	20	21	22
23	24	25	26	27	28	29
30	31					

Jeu **19**

Ven **20**

Sam **21**

Dim **22**

Lun **23**

Mar **24**

Mer **25**

Mai 2022						
L	M	M	J	V	S	D
						1
2	3	4	5	6	7	8
9	10	11	12	13	14	15
16	17	18	19	20	21	22
23	24	25	26	27	28	29
30	31					

Jeu **26**

Ven **27**

Sam **28**

Dim **29**

Mai 2022

Mai 2022						
L	M	M	J	V	S	D
						1
2	3	4	5	6	7	8
9	10	11	12	13	14	15
16	17	18	19	20	21	22
23	24	25	26	27	28	29
30	31					

Lun **30**

Mar **31**

.... Juin 2022 ......

Mer **1**

Juin 2022

Juin 2022						
L	M	M	J	V	S	D
		1	2	3	4	5
6	7	8	9	10	11	12
13	14	15	16	17	18	19
20	21	22	23	24	25	26
27	28	29	30			

Jeu **2**

Ven **3**

Sam **4**

Dim **5**

Lun **6**

Mar **7**

Mer **8**

Juin 2022						
L	M	M	J	V	S	D
		1	2	3	4	5
6	7	8	9	10	11	12
13	14	15	16	17	18	19
20	21	22	23	24	25	26
27	28	29	30			

Jeu **9**

Ven **10**

Sam **11**

Dim **12**

Lun **13**

Mar **14**

Mer **15**

Juin 2022						
L	M	M	J	V	S	D
		1	2	3	4	5
6	7	8	9	10	11	12
13	14	15	16	17	18	19
20	21	22	23	24	25	26
27	28	29	30			

Jeu **16**

Ven **17**

Sam **18**

Dim **19**

Lun **20**

Mar **21**

Mer **22**

L	M	M	J	V	S	D
		1	2	3	4	5
6	7	8	9	10	11	12
13	14	15	16	17	18	19
20	21	22	23	24	25	26
27	28	29	30			

Juin 2022

Jeu **23**

Ven **24**

Sam **25**

Dim **26**

Lun **27**

Mar **28**

Mer **29**

Juin 2022

Jeu **30**

Juin 2022						
L	M	M	J	V	S	D
		1	2	3	4	5
6	7	8	9	10	11	12
13	14	15	16	17	18	19
20	21	22	23	24	25	26
27	28	29	30			

Dates importantes

Janvier

Février

Mars

Avril

Mai

Juin

Dates importantes

Janvier

Février

Mars

Avril

Mai

Juin

vue d'ensemble de l'année 2021

2021

Janvier 2021

L	M	M	J	V	S	D
				1	2	3
4	5	6	7	8	9	10
11	12	13	14	15	16	17
18	19	20	21	22	23	24
25	26	27	28	29	30	31

Février 2021

L	M	M	J	V	S	D
1	2	3	4	5	6	7
8	9	10	11	12	13	14
15	16	17	18	19	20	21
22	23	24	25	26	27	28

Mars 2021

L	M	M	J	V	S	D
1	2	3	4	5	6	7
8	9	10	11	12	13	14
15	16	17	18	19	20	21
22	23	24	25	26	27	28
29	30	31				

Avril 2021

L	M	M	J	V	S	D
			1	2	3	4
5	6	7	8	9	10	11
12	13	14	15	16	17	18
19	20	21	22	23	24	25
26	27	28	29	30		

Mai 2021

L	M	M	J	V	S	D
					1	2
3	4	5	6	7	8	9
10	11	12	13	14	15	16
17	18	19	20	21	22	23
24	25	26	27	28	29	30
31						

Juin 2021

L	M	M	J	V	S	D
	1	2	3	4	5	6
7	8	9	10	11	12	13
14	15	16	17	18	19	20
21	22	23	24	25	26	27
28	29	30				

Juillet 2021

L	M	M	J	V	S	D
			1	2	3	4
5	6	7	8	9	10	11
12	13	14	15	16	17	18
19	20	21	22	23	24	25
26	27	28	29	30	31	

Août 2021

L	M	M	J	V	S	D
						1
2	3	4	5	6	7	8
9	10	11	12	13	14	15
16	17	18	19	20	21	22
23	24	25	26	27	28	29
30	31					

Septembre 2021

L	M	M	J	V	S	D
		1	2	3	4	5
6	7	8	9	10	11	12
13	14	15	16	17	18	19
20	21	22	23	24	25	26
27	28	29	30			

Octobre 2021

L	M	M	J	V	S	D
				1	2	3
4	5	6	7	8	9	10
11	12	13	14	15	16	17
18	19	20	21	22	23	24
25	26	27	28	29	30	31

Novembre 2021

L	M	M	J	V	S	D
1	2	3	4	5	6	7
8	9	10	11	12	13	14
15	16	17	18	19	20	21
22	23	24	25	26	27	28
29	30					

Décembre 2021

L	M	M	J	V	S	D
		1	2	3	4	5
6	7	8	9	10	11	12
13	14	15	16	17	18	19
20	21	22	23	24	25	26
27	28	29	30	31		

vue d'ensemble de l'année 2022

2022

Janvier 2022

L	M	M	J	V	S	D
					1	2
3	4	5	6	7	8	9
10	11	12	13	14	15	16
17	18	19	20	21	22	23
24	25	26	27	28	29	30
31						

Février 2022

L	M	M	J	V	S	D
	1	2	3	4	5	6
7	8	9	10	11	12	13
14	15	16	17	18	19	20
21	22	23	24	25	26	27
28						

Mars 2022

L	M	M	J	V	S	D
	1	2	3	4	5	6
7	8	9	10	11	12	13
14	15	16	17	18	19	20
21	22	23	24	25	26	27
28	29	30	31			

Avril 2022

L	M	M	J	V	S	D
				1	2	3
4	5	6	7	8	9	10
11	12	13	14	15	16	17
18	19	20	21	22	23	24
25	26	27	28	29	30	

Mai 2022

L	M	M	J	V	S	D
						1
2	3	4	5	6	7	8
9	10	11	12	13	14	15
16	17	18	19	20	21	22
23	24	25	26	27	28	29
30	31					

Juin 2022

L	M	M	J	V	S	D
		1	2	3	4	5
6	7	8	9	10	11	12
13	14	15	16	17	18	19
20	21	22	23	24	25	26
27	28	29	30			

Juillet 2022

L	M	M	J	V	S	D
				1	2	3
4	5	6	7	8	9	10
11	12	13	14	15	16	17
18	19	20	21	22	23	24
25	26	27	28	29	30	31

Août 2022

L	M	M	J	V	S	D
1	2	3	4	5	6	7
8	9	10	11	12	13	14
15	16	17	18	19	20	21
22	23	24	25	26	27	28
29	30	31				

Septembre 2022

L	M	M	J	V	S	D
			1	2	3	4
5	6	7	8	9	10	11
12	13	14	15	16	17	18
19	20	21	22	23	24	25
26	27	28	29	30		

Octobre 2022

L	M	M	J	V	S	D
					1	2
3	4	5	6	7	8	9
10	11	12	13	14	15	16
17	18	19	20	21	22	23
24	25	26	27	28	29	30
31						

Novembre 2022

L	M	M	J	V	S	D
	1	2	3	4	5	6
7	8	9	10	11	12	13
14	15	16	17	18	19	20
21	22	23	24	25	26	27
28	29	30				

Décembre 2022

L	M	M	J	V	S	D
			1	2	3	4
5	6	7	8	9	10	11
12	13	14	15	16	17	18
19	20	21	22	23	24	25
26	27	28	29	30	31	

www.ingramcontent.com/pod-product-compliance
Lightning Source LLC
Chambersburg PA
CBHW060851220526
45466CB00003B/1324
* 9 7 9 8 5 1 1 1 1 6 7 8 5 *